Meu olhar
no olhar de
Cristo

CARLOS AFONSO SCHMITT

Meu olhar no olhar de Cristo

EDITORA
SANTUÁRIO

DIREÇÃO EDITORIAL:
Pe. Fábio Evaristo Resende Silva, C.Ss.R.

CONSELHO EDITORIAL:
Avelino Grassi
Ferdinando Mancilio, C.Ss.R.
Marlos Aurélio, C.Ss.R.
Mauro Vilela, C.Ss.R.
Victor Hugo Lapenta, C.Ss.R.

COORDENAÇÃO EDITORIAL:
Ana Lúcia de Castro Leite

COPIDESQUE:
Luana Galvão

REVISÃO:
Cristina Nunes

DIAGRAMAÇÃO E CAPA:
Junior dos Santos

Dados Internacionais de Catalogação na Publicação (CIP)
(Câmara Brasileira do Livro, SP, Brasil)

Schmitt, Carlos Afonso
    Meu olhar no olhar de Cristo / Carlos Afonso Schmitt. – Aparecida, SP: Editora Santuário, 2016.

ISBN 978-85-369-0468-9

1. Espiritualidade 2. Fé 3. Jesus Cristo – Ensinamentos 4. Reflexões – Ensinamento bíblico 5. Reflexões 6. Vida cristã – Meditações I. Título.

16-07889   CDD-248.4

Índices para catálogo sistemático:
1. Reflexões: Vida cristã: Cristianismo 248.4

1ª impressão

Todos os direitos reservados à **EDITORA SANTUÁRIO** — 2016

 Composição, em CTcP, impressão e acabamento:
EDITORA SANTUÁRIO - Rua Padre Claro Monteiro, 342
Fone: (12) 3104-2000 — 12570-000 — Aparecida-SP.

*"Tu me seduziste, Senhor,
e eu me deixei seduzir."*
(Jr 20,7)

*"Se tu me cativas nós teremos
necessidade um do outro.
Tu te tornas eternamente responsável
por aquilo que cativas."*

(Antoine de Saint-Exupéry, em "O Pequeno Príncipe")

APRESENTAÇÃO

Existe uma fascinante magia no amor. Cativar alguém é "coisa do coração", e, às vezes, ninguém sabe ao certo como acontece. Verdade é que o olhar tem tudo a ver com o jogo da sedução. Os olhos – verdes, azuis, castanhos, escuros, vivos, alegres... – fazem parte, essencialmente, do encantamento.

Enamorar-se de alguém significa, para muitos, guardar, vivamente em seu coração, o olhar da pessoa amada.

– Seus olhos negros tiram-me o fôlego.

– Seus olhos azuis fizeram meu coração disparar.

– Seus olhos verdes encantaram-me profundamente.

Cada qual tem suas próprias experiências, suas maravilhosas emoções, impossíveis de serem descritas. Cada qual vivencia, única e exclusivamente, o que seu coração sente. Se ele pulsa mais forte e aceleradamente, se a adrenalina aumenta, se o corpo todo estremece, algo novo e importante está no ar. É o amor acontecendo. Certamente, cada um de nós já vivenciou momentos assim. São divinamente maravilhosos. Têm gosto de céu.

Transporte agora, amigo leitor, sua experiência afetiva para a esfera espiritual e "enamore-se" do olhar de Cristo. Fixe seus olhos em Jesus e verá que um mágico encantamento vai nascer em seu coração. De repente descobrirá um novo jeito de amar. Um jeito cativante de amar e ser amado pela pessoa de Cristo.

Permita que o olhar DELE se encontre com o seu. Deixe-se cativar por seus olhos. E, quando seu olhar estiver amorosamente fixo no olhar de Cristo, verá o mundo com os olhos de Deus. Tudo em sua vida terá um sentido novo. Tudo será diferente.

1

SEU OLHAR NO OLHAR DE CRISTO

A cristificação da vida e do mundo é o grande desejo de Deus. É, também, o maior desafio que nós, os seguidores do Mestre, temos a enfrentar. Fazer com que o Cristo seja "tudo em todos", (cf. 1Cor 9,22-23), por meio de nossas palavras proféticas e atitudes evangélicas, é a tarefa mais urgente que nos cabe neste século XXI.

O mundo está carente de Deus. A inversão de valores é tanta que o consumismo, o dinheiro, os prazeres, as drogas..., uma verdadeira avalanche de superficialidades disfarçadas em respostas rápidas para as angústias existenciais, mostram-se falidos e insuficientes para os anseios do coração humano.

O vazio persiste e aumenta. A infelicidade cresce a cada dia. Os caminhos trilhados pelos homens os afastam cada vez mais de Deus. Falta outro olhar, um novo olhar capaz de fazer com que os olhos das mulheres e dos homens de hoje vejam o mundo de um jeito totalmente diferente.

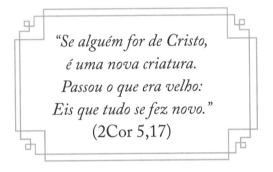

*"Se alguém for de Cristo,
é uma nova criatura.
Passou o que era velho:
Eis que tudo se fez novo."*
(2Cor 5,17)

Esse é o objetivo da conversão a que somos chamados. Deixar que o ser carnal, que habita em nós, transforme-se pela graça de Deus em ser espiritual. As coisas terrenas passam a ter menos força e poder sobre nós, e as coisas do Alto nos atraem sempre mais.

Certo dia, um jovem rico aproximou-se de Jesus para pedir-lhe orientações: "Bom Mestre, que devo fazer para possuir a vida eterna?" (cf. Lc 18,18-23). Vinha de coração inquieto, em busca de respostas que dessem um sentido novo a sua vida. Coração inquieto, sim, mas ainda muito apegado aos bens materiais, a ponto de ser incapaz de uma entrega mais radical. Jesus fitou seu olhar nos olhos daquele jovem, convidou-o ao desprendimento total, pediu que o seguisse, mas as riquezas materiais falaram mais alto que o convite do Mestre. Entristecido, calou-se o moço "porque era muito rico". Calou-se e foi embora.

Diante das injustiças, que diariamente presenciamos, "calamos e vamos embora" ou agimos para transformar a sociedade em que vivemos? Diante da corrupção política, continuamos votando de forma irresponsável, perpetuando as falcatruas reinantes – "calamos e vamos embora" – ou criamos consciência da importância de nosso voto?

Diante das mortes absurdas provocadas pelo trânsito, "calamos e vamos embora" ou fazemos nossa parte na reeducação pessoal e de tantos motoristas que dirigem criminosamente? "Calamos" porque somos omissos? "Vamos embora" porque somos covardes? Pouco adianta "entristecer-se" como o jovem rico. O apego à zona de conforto que criamos é mais forte que os apelos do Mestre. O "vem e segue-me" não tem a força que o comodismo tem.

– Estou muito bem assim. Por que arrumar problemas se já os tenho?

– Por que arrumar "encrencas" que me tirem de meu sossego?

– Os outros que o façam! Já fiz minha parte...

Desculpas e mais desculpas, justificativas egoístas que a falta de amor e comprometimento forjam ardilosamente em nosso coração e no convívio social que frequentamos. Acomodados, cruzamos os braços. "Calamos e vamos embora". Omissos.

É hora de parar e questionar-se: que olhar alimenta nossos olhos? É o olhar salvífico de Cristo ou o olhar confuso de um mundo mais confuso ainda? Em quem depositamos nossa fé: no Deus, que nos salva, ou nas riquezas que "as traças corroem?" (Mt 6,19).

Nosso OLHAR NO OLHAR DE CRISTO fará toda diferença. Uma vida cristificada é o poder que tudo renova. O mundo será diferente se nós assim formos. Este é o convite: transformar-nos. Estamos preparados para aceitá-lo?

PRECE DE COMPROMETIMENTO

De alguma forma, Senhor,
aquele "jovem rico" poderia ser eu.
Sem ter os bens que ele possuía,
meu coração é inquieto como o dele.
Preciso encontrar respostas
que deem mais sentido à vida.
Fito meu olhar em teu olhar, Senhor
e quero permitir que me catives.
Toma conta de mim, de corpo e alma,
envolvendo meu coração com teu amor.
Em vez de ficar calado e entristecido,
quero profetizar em teu nome,
quero levar tua nova alegria
aos milhares de corações frustrados,
tristes e errantes por não te conhecerem.
Dá-me, Senhor, a graça necessária,
a força e a coragem para aderir a teu projeto.
Não posso "ir embora", como o jovem rico,
não posso continuar me omitindo.
Basta de silêncios inférteis
e comodismos egoístas!
Toca-me, Senhor, com tua graça,
acorda-me com teu olhar sedutor.
Com meus olhos fixos em teus
eu possa dizer-te:
Eis-me aqui! Conta comigo!
Amém!

2

O NOVO EM SUA VIDA

Como é difícil desapegar-se! Acompanhamos a história do jovem rico e vimos como as riquezas materiais o escravizavam. Tanto assim, que lhe foi impossível deixar tudo e seguir Jesus. O mesmo nos acontece quando nossos olhos se deixam cativar pelos atrativos do mundo e desviamos nosso olhar das coisas de Deus.

Quando velhos hábitos nos dominam, é porque estão enraizados em nós, como árvores centenárias que vento algum derruba. O automatismo de nosso inconsciente nos aprisiona, fazendo-nos repetir as mesmas atitudes e aprofundar sempre mais nosso antigo modo de vida. O **novo** é nosso desafio.

E é essencialmente o "novo" que o Mestre veio trazer.

– **Novo** modo de pensar.

– **Novas** atitudes: **novo** modo de agir.

– **Novo** modo de tratar as pessoas: com igualdade.

– **Novo** caminho para Deus: *"EU SOU o Caminho, a Verdade e a Vida"* (Jo 14,6).

Convidado por Levi, um coletor de impostos (cf. Lc 5,27-39), Jesus jantava com seus discípulos na casa deste recém-convertido. Como sempre, fariseus e escribas puseram-se a criticar o Mestre. Tanto Ele como seus discípulos estariam errados ao "comer e beber com os publicanos, pessoas de má vida". As "velhas" tradições impediam-lhes de ver que algo "novo", diferente, que estava acontecendo.

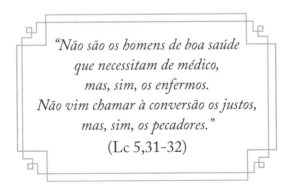

"Não são os homens de boa saúde que necessitam de médico, mas, sim, os enfermos. Não vim chamar à conversão os justos, mas, sim, os pecadores."
(Lc 5,31-32)

Era este o grande diferencial da mensagem do Mestre: curar os enfermos e chamar à conversão os pecadores. Escribas e fariseus consideravam-se "saudáveis", pessoas dedicadas à religião e, como tal, "justas", sem necessidade de penitência ou mudança de vida.

Quem são os "enfermos" que o médico Jesus deseja curar? Quem são os "pecadores" que Ele veio chamar à conversão? Hoje, nesta época: quem são eles?

Somos nós, os enfermos e pecadores, que necessitamos da ajuda do Mestre ou em que classe nos enquadramos? Julgamo-nos "justos" por cumprirmos "velhas leis" ou estamos abertos à mudança, ao novo em nossa vida?

Roupas velhas, ao rasgarem – explicava-lhes Jesus –, merecem remendo velho, não suportariam remendo novo, pois este nem "assentaria bem na roupa velha". Vinho velho em odres velhos; vinho novo em odres novos. Conservar vinho novo em odres velhos faria com que se rompessem, e tudo se perderia. Coração novo em atitudes velhas, tradições obsoletas, também não combina. E esta era a dificuldade que o Mestre encontrava em sua pregação: que aceitassem a nova mensagem, desfazendo-se de seus velhos conceitos.

Levi, aceitando o "novo", fitou seus olhos no olhar de Cristo e permitiu que lhe tocasse o coração. Nosso olhar está fixo em quem ou em quê? Responder é escolher. Boa escolha!

PRECE PARA
ADERIR AO NOVO

Senhor,
a reflexão de hoje
sobre a importância do novo,
de abandonar as velhas roupagens
para revestir-se de teu espírito,
tudo isso mexeu muito comigo.
Sinto-me enfermo e pecador,
agarrado a velhos hábitos,
preso em um emaranhado de leis e costumes
há muito ultrapassados.
E tu olhas para mim, Senhor,
Desejando, amorosamente, cativar-me,
como cativaste a Levi que te acolheu.
Às vezes, desvio meu olhar
com medo de tuas exigências,
receoso em entregar-me totalmente
a teu convite transformador.
Quisera tanto aderir ao novo,
à conversão profunda e radical,
capaz de curar meus males
e apagar meus pecados!
Ser uma nova criatura em Cristo:
eis meu desejo, Senhor,
eis meu sonho de conversão.
Inspira-me! Ajuda-me, Senhor!
Amém.

3

A ORAÇÃO EM SUAS DECISÕES

Jesus estava por tomar uma grande decisão. Uma das mais importantes de sua missão profética: a escolha de seus auxiliares diretos. Aqueles que iriam acompanhá-lo em todas as suas jornadas. Aqueles que iriam continuar a nova missão por Ele iniciada. Seus apóstolos seriam os mensageiros de suas palavras, os obreiros de seu poder, os difusores de seu perdão. E o Mestre o que fez?

> *"Retirou-se a uma montanha para rezar e passou aí a noite orando a Deus."*
> (cf. Lc 6,12-16)

"Retirou-se": significa que Jesus criou um espaço e um tempo para a oração. A "montanha" é a metáfora de maior proximidade com Deus. A "planície" é nosso dia a dia, nosso corre-corre, em que também precisamos encontrá-lo. A "montanha" é um lugar em seu coração, "dentro de você", onde habita Deus. Retirar-se para lá é extremamente importante para criar momentos especiais, aqueles que você adora criar com seu amor.

"E passou aí a noite", a noite toda, "orando a Deus". Falando com o Pai sobre as escolhas que faria ao amanhecer daquele dia. Escolhas de pessoas, que já eram seus discípulos, mas seriam mais: seriam "apóstolos". Doze – como as tribos de Israel –, apenas doze, dentre tantos que, diariamente, seguiram-no de perto, dentre tantos que haviam acolhido sua mensagem.

O Mestre elevou seus olhos em oração. Era assim que os discípulos o viam frequentemente fazer. Coração e olhos ao alto, fixos em Deus, em uma conversa confiante de Filho com o Pai, unidos no mesmo Espírito de Amor. Seu olhar no olhar de Deus, no silêncio de um encontro profundo e confortador.

A oração preparou a decisão a ser tomada. Reforçou o ânimo do Mestre, sabedor que era da missão nada fácil que estava iniciando. Era preciso assessorar-se de amigos, de seguidores dispostos a serem radicais como ele. E a maioria deles eram homens simples, incultos, apenas pescadores: humildes pescadores. Aos poucos a metamorfose aconteceria, o milagre que os transformaria em "pescadores de homens" (Mt 4,19).

Assim procedia o Mestre. E nós, como procedemos? Diariamente estamos diante de decisões a tomar. Umas, fáceis e corriqueiras. Outras, difíceis e imprevistas. Decisões que podem afetar radicalmente nossa vida. Decisões que terão consequências profundas e duradouras. Decisões que irão machucar-nos ou doer na carne de outros. Decisões que matam ou ressuscitam.

– Oramos, como o Mestre orava, antes de tomá-las?

– Seríamos capazes de passar uma noite em oração, se preciso fosse?

– Conseguimos fixar nosso olhar no olhar do Cristo e não desistir do encontro com Ele, até brotar em nós a certeza da escolha correta?

A oração é a garantia que Deus nos oferece. Em toda e qualquer decisão – e a vida é uma permanente escolha –, orar e orar sempre, sem nunca desistir (Lc 18,1) é a fórmula do sucesso.

Você pode ignorar o que acabou de ler. Você pode também decidir agora que assim será de hoje em diante. A oração será sua bússola. Você saberá o rumo certo, o norte que o orientará em suas decisões. É só prosseguir.

PRECE PARA PEDIR LUZ INTERIOR

São tantos os conflitos, Senhor,
que, às vezes, sinto-me confuso e perdido,
sem saber que decisões tomar,
sem saber que rumo seguir,
sem saber se eu desisto
ou se eu prossigo em meu caminho.
Penso, então, que não sei rezar,
que não tenho a fé que deveria ter,
que minha confiança em ti, Senhor,
ainda é frágil e impotente.
Por isso, no silêncio deste encontro,
venho pedir-te luz:
luz interior que ilumine meu coração;
luz que clareie minhas dúvidas;
luz que afugente minhas sombras.
Luz: para que eu **veja**
teu olhar amigo a convidar-me;
sinta teu imenso amor por mim;
ouça tua palavra salvadora a curar-me.
E isso me basta, Senhor.
Saberei, então, fazer escolhas certas,
tomar decisões precisas,
viver com os olhos voltados para Deus.
Que assim seja,
hoje e sempre.

4

QUEM É O CRISTO PARA VOCÊ?

As discussões a respeito de "quem, afinal, era o Mestre" dominavam as rodas de conversa do povo. Aliás, não só do povo. O próprio Herodes estava perplexo, sem saber o que dizer, diante de tudo que ouvira falar de Jesus (cf. Lc 9,7-9).

– Seria João Batista ressuscitado?

– Seria Elias, ou algum outro profeta, encarnado na pessoa do Mestre?

As mais diversas opiniões se espalhavam entre todos – povo e autoridades –, e a confusão era praticamente geral. Foi neste quadro, em um contexto que os apóstolos vivenciavam, que certo dia Jesus questionou seus discípulos a respeito dele.

Mais uma vez, como tantas vezes o fizera, "estava o Mestre a orar a sós com seus discípulos" (cf. Lc 9,18-22). A ocasião era propícia para o diálogo e a reflexão. Estavam a sós em oração, em clima de profunda paz de espírito, uma das características marcantes do Mestre. Podemos, com facilidade, imaginar a cena. Seus discípulos teriam de assumir uma clara posição a respeito dele. Dúvidas e incertezas – como as do povo – eram inadmissíveis entre seu grupo. Teriam de desafiá-los, questionando expressamente sua fé.

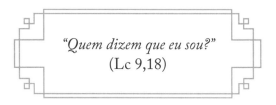

"*Quem dizem que eu sou?*"
(Lc 9,18)

"Dizem..." o povo, os outros dizem... Os apóstolos relatavam-lhe as opiniões que circulavam a seu respeito entre o povo e até entre as autoridades. Isso, porém, pouco lhe importava. Queria ouvir a opinião de seus apóstolos. Esta lhe era fundamental saber. Fixou, então, seus olhos nos olhos deles e, para não deixar possibilidade alguma para dúvidas, foi preciso e direto em sua pergunta: "E vós, quem dizeis que eu sou?"

Pedro era o líder do grupo. Fora escolhido para o "cargo" pelo próprio Mestre. Adiantando-se aos demais, como quem falasse em nome de todos, confessou alegremente sua fé e a de seus companheiros de grupo: Tu és "o Cristo de Deus".

Estava aí a mais viva confissão de fé que um apóstolo poderia fazer. O "Cristo" era o Messias, o Ungido, o Enviado de Javé. Aquele que viera para salvar o povo de Israel e redimir a todos – a terra inteira – das "dívidas e pecados" contraídos com Deus. Eis, porém, um momento de surpresa: se a verdade era essa, não era ainda a hora de revelá-la a todos. Proibiu-lhes, por isso, de contar publicamente a confissão que Pedro fizera. Porque este Cristo, antes de ser reconhecido e amado em toda terra, teria de padecer e morrer, "ressuscitando ao terceiro dia". Então, sim: elevado na cruz, os olhos do mundo inteiro se voltariam para Ele. Saberiam todos que ESTE era o Filho de Deus, o Salvador da humanidade.

E nós, amigo leitor, que confissão fazemos DELE, pelas atitudes de nossa vida?

Confessamo-lo publicamente – porque Ele já ressuscitou – ou, medrosos, sem ter recebido seu Espírito, calamos nossa voz pelo estilo de vida que adotamos? Quem é o Cristo para nós: para você e para mim?

É dessa resposta que tudo depende.

A firmeza de nossa fé dela depende.

Uma vida cristã, comprometida com a difusão do Evangelho, dela depende.

Um olhar diferente sobre o mundo, **olhar cativado pelo olhar de Cristo**, dela depende.

Família feliz, sociedade fraterna, justiça e paz entre os povos dela dependem.

TUDO dela depende.

Mais uma vez, como sempre proponho, dê sua própria resposta, amigo leitor. O mundo, cristificado, agradecerá.

PRECE DE
ADESÃO A CRISTO

Diariamente, Senhor,
sinto meu coração desafiado
a responder-te a pergunta que não cala:
"Quem dizeis vós que eu sou?"
Terei eu a coragem, a fé suficiente,
para adiantar-me aos demais
e professar minha total adesão a ti?
Serei, como Pedro, claro e resoluto,
disposto a seguir-te em teus apelos,
mesmo à custa de minhas comodidades?
Ainda sou fraco, Senhor,
ainda sou muito indeciso,
medroso ou covarde, não sei,
para assumir radicalmente teu convite.
Dá-me, Senhor, a graça da fé,
a graça da adesão total,
a graça da libertação definitiva.
Que também eu, sem dúvidas,
professe de todo coração:
"Tu és o Cristo de Deus!"
Prostro-me a teus pés, Senhor,
e a ti elevo meus olhos:
fixa teu olhar em meu olhar e serei salvo.
Amém!

5

EXIGÊNCIAS DO NOVO REINO

Adotar o estilo de vida de Cristo não é missão das mais fáceis. Os apóstolos estavam empolgados com os milagres do Mestre. Sua fama se espalhava por todos os arredores, e eles, orgulhosos por terem sido escolhidos, seguiram-no resolutos. Sentiam-se como os "ministros" do novo reino, mesmo sem saber onde e quando ele seria instalado.

O Mestre, no entanto, advertiu-os, desde o início, a respeito das exigências em segui-lo. Tudo lhes parecia "festa". Era muito bom ficar em sua companhia. Organizar o povo para ser atendido, presenciar suas curas, conviver com suas pregações, enfim: fazer parte do pequeno e seleto grupo dos eleitos do Mestre, tudo era muito especial para homens simples e rudes como os apóstolos.

Imagino seu espanto, seus olhos perplexos, seu coração inquieto ao ouvirem as duras palavras que o Mestre lhes dirigia. "Renegar-se a si mesmo" não é nada fácil ao ser humano. Somos apegados a nosso ego, e ele reclama seu lugar e seu espaço em nossa vida. Pensamos primeiramente em nós. Cuidamos preferencialmente de nossos interesses, antes de preocupar-nos dos problemas dos outros. "Renunciar" é o oposto que os apegos e a possessividade de nosso ego nos propõem. Ele adora "ter", "possuir", fechar as mãos em vez de abri-las. E o Mestre desafia nossa capacidade de amar, ao dizer-nos enfaticamente:

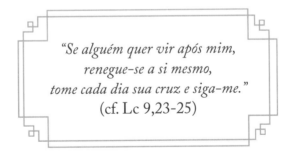

"Se alguém quer vir após mim, renegue-se a si mesmo, tome cada dia sua cruz e siga-me."
(cf. Lc 9,23-25)

A cruz de cada dia... Cada um tem a sua, de peso e tamanho proporcionais ao que ele consegue carregar. A crença popular nos diz que ela nunca é maior que nossas forças, quando estas estiverem sustentadas por Deus. Pouco adianta pedir ao Senhor para trocá-la. A que você carrega já foi escolha sua, mesmo que não tenha consciência disso ou não acredite que seja assim. Carregá-la com amor torna-a mais leve e suportável. Dizem os sábios e os santos – e nós podemos ser um deles – que o amor tudo ameniza, tudo ressignifica, tudo transforma, espiritualiza o profano, diviniza o meramente terreno.

"Quem quiser salvar a sua vida, perdê-la-á, mas quem sacrificar a sua vida por mim, salvá-la-á" (cf. Lc 9,24). Quem puder entender, entenda... Certamente os apóstolos se questionavam a respeito de exigências tão radicais. Era difícil entender a metáfora do grão que morre para gerar vida. Segurar a vida para si é perdê-la. Doá-la totalmente a Deus, no amor, é salvá-la. Quem puder entender...

Todo ouro do mundo, todas as riquezas materiais, toda fama e sucesso, NADA é comparável ao valor da vida eterna. Salvar sua alma é, na verdade, ganhar o mundo inteiro. O espírito que somos vale mais que tudo que é mensurável, tudo que é humano e perecível. Mas é isso que nosso ego deseja, procura e cobiça. É isso que diariamente o tenta, desviando nosso Eu Superior dos caminhos do espírito. O homem exterior desejando sobrepor-se ao interior. A eterna busca do equilíbrio entre as trevas e a luz, o necessário convívio entre as polaridades da terra e do céu.

O novo reino é um reino exigente. Reino em que a lógica humana se inverte, e a fé traz exigências que apenas corações generosos compreendem. Fazer parte deste reino é uma escolha. Seguir, fazendo parte, é sempre nova escolha, diária e radical. No amor, só no amor, seremos capazes. É mais uma escolha que fazemos...

PRECE DA ENTREGA TOTAL

Senhor,
ensina-me a rezar esta prece.
Não sei como iniciar, como prosseguir,
como concluir minha entrega total.
Há muitas resistências dentro de mim,
reivindicando seus direitos
e seu espaço em minha vida.
Quisera ser mais generoso,
mais decidido e radical.
Sofro com as restrições que o ego
diariamente me impõe,
tentando sobrepor seu reino de egoísmos,
de apegos e posses
aos anseios de minha alma.
Liberta-me de mim, Senhor!
Liberta-me de minhas certezas,
pobres e frágeis certezas humanas.
Ensina-me a carregar com amor
a cruz de cada dia,
transformando-a em salvação.
Tenho muito que aprender, Senhor!
Sou apenas um pequeno aprendiz,
um coração receptivo para ouvir-te.
Sacia meu espírito com teu amor
e saberei seguir teus passos. Que assim seja!

6

É PRECISO TRANSFIGURAR-SE

Pertencer ao Novo Reino traz consigo inúmeras exigências. Sobre algumas delas já refletimos. Todas, em última análise, visam a um estilo de vida diferente, em que os **valores espirituais** gozam de supremacia, e o olhar que vê e analisa o mundo é um **olhar cristificado**.

Ver os acontecimentos diários "com olhos de Deus", julgando-os à luz da Boa-Nova que o Mestre veio oferecer-nos, é um dos passos mais importantes a serem dados na transformação da consciência de todo discípulo. Transformação essa, profunda e radical, a ponto de alterar o velho modo de vida e criar uma nova "figura", imagem de alguém vivificado por Cristo. Assim como o Mestre o fez, convida-nos Ele a fazê-lo (cf. Lc 9,28-36). Mais uma vez, "retirou-se para orar". Criou um momento especial, esse que diariamente deveríamos criar para um encontro mais íntimo com Deus. Tão íntimo e verdadeiro, a ponto de "transfigurar--nos": alterar nossa imagem, mudar a figura do que éramos, na figura de um ser de luz, "resplandecente", como se tornou a pessoa de Jesus.

Tudo se revestia de um claro sentido de "epifania": manifestação de Deus para os olhos e o coração dos apóstolos, ainda frágeis e confusos diante de tudo que estava acontecendo. Para que vissem a glória de Jesus e, "ao despertarem" do antigo sono em que estavam mergulhados, abrissem seu entendimento para acolher a nova mensagem que o Mestre lhes ensinava.

Pedro, Tiago e João – os três apóstolos convidados a retirar-se com Jesus para orar – teriam de se transfigurar: a maneira de ver o mundo, de interpretar a vida, de aderir ao Novo Reino, de transmitir as palavras salvadoras de Jesus. TUDO necessitava de uma autêntica transfiguração. Homens de fé, revestidos da audácia dos profetas, que aí estavam com Jesus – Moisés e Elias –, homens fortes e resolutos teriam de renascer deste encontro sem precedentes em suas vidas.

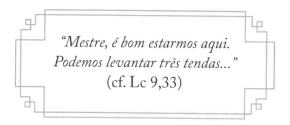

*"Mestre, é bom estarmos aqui.
Podemos levantar três tendas..."*
(cf. Lc 9,33)

Envoltos na luz de Deus, saboreando um gosto de céu, quem não teria vontade de aí permanecer? Na "planície" os aguardava o povo, com suas doenças e misérias...aqui, no alto da montanha, tudo era gozo antecipado da eternidade. Pudessem fugir do trabalho, dos compromissos com as andanças diárias...como seria bom!

Calados, permaneciam atentos à resposta que o Mestre lhes daria diante do que Pedro propusera. De repente, uma nuvem misteriosa os encobriu e ouviram com toda nitidez: "Este é meu Filho muito amado, ouvi-o!" (cf. Lc 9,35).

Era a voz de Deus rompendo o silêncio da espera, o êxtase da perplexidade dos olhos maravilhados dos apóstolos, o medo que os invadia perante o esplendor divino.

"Transfigurar-se" para ser uma nova criatura em Cristo.

"Descer da montanha", voltar à planície, ao dia a dia, ao povo sofrido que necessita de ajuda.

A proposta de Pedro – de levantar três tendas, uma para Jesus e as outras para Moisés e Elias – (estes representando o Antigo Testamento) não mereceu atenção do Mestre. Viera reabastecer-se. Buscar forças para viver na planície. Permanecer aí seria uma fuga. Jamais o Profeta compartilharia tal atitude.

Desceram, pois, da montanha, cheios do poder de Deus, retornando às pregações e às caminhadas. Era essa sua missão, a dos apóstolos também.

Hoje, século XXI, dessa missão cabe-nos o quê?

É preciso transfigurar-se diariamente. Ouvir "a voz do Filho muito amado" e pôr-se a caminho. Com certeza, na planície há muitos esperando por nós.

PRECE DA TRANSFIGURAÇÃO

Uma grande vontade de estar a sós contigo
invade meu coração, Senhor.
Retirar-me para contemplar tua face,
ouvir tua voz, envolver-me em teu amor.
Quisera exclamar, como Pedro:
"É bom estarmos aqui!"
No mesmo instante, porém,
ouço outra voz
clamando dentro de mim:
"Transfigura-te!
Renova teu coração
e pensa no povo!"
Seria egoísmo querer ficar aí,
na luz gloriosa do Mestre,
saboreando as alegrias do céu?
Seria um sonho "bom demais"
para nossa pobre condição humana?
Não sei ao certo, Senhor,
o que te pedir em minha confusão.
Sei apenas que preciso de ti,
de tua mão amiga,
de tua palavra que me anima,
de teu olhar que me cativa.
Transfigura-me, Senhor!
Só isso eu almejo, só isso te peço.
Que assim seja!

7

UM OLHAR QUE CURA

O milagre da cura de um menino possesso, narrado pelos evangelistas Mateus, Marcos e Lucas (cf. Mt 17,14-20; Mc 9,14-28; Lc 9,37-43), oportuniza inúmeras reflexões de grande importância para o dia a dia da vida. A fé, como condição indispensável para o milagre, e o poder curativo da oração são elementos básicos da narrativa bíblica.

No enfoque das reflexões que fazemos neste livro, o evangelista Lucas nos presta uma relevante ajuda ao relatar o pedido que o pai do menino fez a Jesus. "Mestre, rogo-te que olhes para meu filho, pois é o único que tenho."

O olhar de Jesus era fundamental para a fé daquele pai. Sabia ele que, vendo Jesus a situação do menino, mover-se-ia de compaixão e o curaria. Era preciso "olhar" para seu filho com aquele amor milagroso, que só o Mestre trazia em seus olhos. Com a ternura e a compaixão que lhe eram peculiares, levando-o a condoer--se diante do sofrimento alheio.

"Olhar" por alguém é cuidar dele, socorrê--lo, curá-lo, e era este o olhar que o pai angustiado suplicava ao Mestre.

"Rogo-te que olhes para meu filho", implorava ele. "Peço-te insistentemente", diria o pai, já que os discípulos de Jesus tinham sido incapazes de curar o menino.

Imagino com que compaixão Jesus olhou para aquele pai, despertando nele a fé, que tudo pode, mesmo em caso difícil como aquele. E, quando seus olhos se encontraram, o coração do pai sabia que o milagre iria acontecer.

"Traze cá teu filho", pediu-lhe Jesus. Era tudo que o pai queria ouvir! Seu coração vibrava de alegria e gratidão. Enfim, a cura de seu filho! O Novo Reino, que o Mestre apregoava, exigia um olhar diferente sobre o mundo. Um olhar de humildade, abnegação, de serviço.

Um olhar paradoxal para os parâmetros egoístas e competitivos da época, parâmetros que até hoje persistem. Mesmo tendo visto o milagre da cura do menino possesso, tendo ouvido as admoestações do Mestre a respeito da necessidade e do poder da fé, da importância vital da oração para conseguir certas curas, os discípulos perdiam-se em divagações sobre "qual deles seria o maior" (Lc 9,46-48).

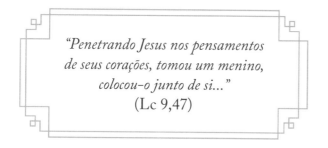

"*Penetrando Jesus nos pensamentos de seus corações, tomou um menino, colocou-o junto de si...*"
(Lc 9,47)

E tudo que não esperavam ouvir, os discípulos ouviram então! Quem recebesse, nem que fosse uma criança em nome de Jesus, ao próprio Jesus receberia. Quem, dentre eles, fosse o menor, esse seria grande. Que estranha filosofia de vida! Que aparente contradição nas palavras do Mestre! Que valores pouco adotados pelos homens!

Este, amigo leitor, é o perfil dos adeptos do Novo Reino. Este é o olhar que o Mestre propõe como medida a ser adotada. Um olhar que inverte a maneira meramente humana e interesseira de um mundo de consumismo e competitividade, em prol de um mundo mais fraterno e igualitário.

É a utopia do Novo Reino à espera de corações audaciosos, dispostos a realizá-la.

– Somos nós, um deles?

– Falta-nos ousadia?

– Falta-nos um **novo olhar**, capaz de ver o mundo com os olhos de Deus?

– Falta-nos o quê?...

PRECE PARA PEDIR OLHOS NOVOS

Senhor,
"rogo-te que olhes" para mim
do jeito que um dia olhaste
para os olhos daquele pai aflito,
suplicando a cura de seu filho.
Teu olhar de amor a cativar-me,
teu olhar de fé a transformar-me.
Preciso de **olhos novos**, Senhor,
que antevejam um amor mais justo
e lutem decididamente por ele.
Que antevejam a fé partilhada
e proclamem teu Reino de justiça
em meio à corrupção reinante.
Peço-te, Senhor, um coração audacioso,
capaz de ousar, de radicalizar,
de doar-se integralmente ao Reino,
um coração com olhos de fé
para ver o mundo com olhos de Deus.
Que eu compreenda o paradoxo do amor,
em que o pequeno é grande
e o último é o primeiro.
Ilumina-me, Senhor:
dá-me olhos novos.
Amém!

8

MOMENTOS DE ELEVAÇÃO INTERIOR

Muitos são os textos evangélicos que nos relatam "momentos de elevação" em que Jesus, a sós ou no meio do povo, erguia os olhos ao céu para agradecer ao Pai. Você pode conferir e aprofundar algumas passagens bíblicas que lhe sugiro, além desta que vamos usar de referência para nossas reflexões.

Veja, por exemplo, Jesus em oração, a sós, "muito antes de amanhecer" (Mc 1,35).

Na primeira multiplicação dos pães, em meio a uma multidão faminta, "erguendo os olhos ao céu, abençoando-os..." (Mc 6,41).

Na ressurreição de Lázaro: "Levantando Jesus os olhos ao alto" (Jo 11,41), rendeu graças, antecipadamente, sabendo que o Pai já o tinha ouvido.

Acompanhe-me agora na belíssima passagem do Evangelho segundo Lucas (Lc 10,21-24) e verifique a maravilhosa sensibilidade da alma de Jesus ao referir-se às coisas de Deus.

O Mestre, além dos doze apóstolos, escolhera "setenta e dois outros discípulos, enviando-os dois a dois, a lugares para onde Ele tinha de ir" (Lc 10,1-24). Voltando eles, alegres, de sua missão, relataram seus feitos a Jesus, que "exultou de alegria no Espírito Santo", vivendo um dos momentos mais felizes de elevação de sua alma ao Pai.

"Rendeu graças" porque o Pai revelara seus segredos aos pequeninos, aos simples, aos puros de coração.

Ele e o Pai eram UM, e só era possível conhecer o Pai se o Filho quisesse revelá-lo. E isso estava acontecendo: a Boa-Nova era revelada aos corações humildes, aos "pequeninos", como o Mestre os designava. Radiante de felicidade, seu coração transbordando de contentamento interior, Jesus dirigiu-se a seus discípulos:

> *"Ditosos os olhos que veem o que vós vedes.*
> *Muitos profetas e reis desejaram ver o que*

*vós vedes e não o viram; ouvir o que vós ouvis,
e não o ouviram."*
(Lc 10,23)

Os olhos são a entrada do coração. É tão importante o olhar que, sem ele, o acesso ao "invisível", ao numinoso, ao divino, é-nos dificultado. Se os olhos do corpo são fundamentais, os **olhos do espírito** se abrem quando a Palavra de Deus nos toca. Quando "permitimos" ser tocados, começamos a ver de um jeito novo e diferente.

Por isso "alegrai-vos! Exultai no Senhor, bendizei-o, rendendo-lhe graças", diria Jesus. Também nós somos "ditosos", afortunados por pertencermos ao Novo Reino. Nossos olhos, com certeza, brilham ao contemplar os sinais de Deus, que se manifestam diariamente entre nós.

Somos grandes por sermos pequenos. Somos escolhidos e privilegiados, mais que profetas e reis que não conheceram o Mestre: nem o viram, nem o ouviram. Nossa fé contempla o Cristo. Nossos ouvidos o escutam. Louvado seja o Senhor!

PRECE DE ELEVAÇÃO INTERIOR

Em meio ao barulho e ao corre-corre,
sinto que preciso parar, Senhor.
Quero elevar a ti meu espírito,
criando um momento de silêncio e contemplação.
Meus olhos procuram os teus, Senhor,
meu coração deseja encontrar-se com o teu.
Quero hoje agradecer, **apenas agradecer**.
Deixar meu coração feliz,
exultar de alegria e fé,
bendizendo teu amor por mim.
Revela-me o Pai, Senhor!
Permita que o Espírito Santo
abra-me os olhos da alma,
e eu veja o que dantes nunca vira.
Preciso descobrir, Senhor,
o quanto a humildade é decisiva
no encontro amoroso com o Pai.
O quanto é importante ser "pequenino",
para receber as grandezas do Reino.
O quanto é importante o olhar atento:
o olhar que tudo vê, tudo perscruta,
tudo interpreta sob o olhar de Deus.
A ti elevo meu coração, Senhor:
abre-me os olhos do espírito
e verei tua luz.
Que assim seja!

9

MARTA E MARIA: UMA QUESTÃO DE OLHAR

Uma das passagens mais lindas e instrutivas do Evangelho, sem dúvida, é o relato das atitudes de Marta e Maria ao receberem Jesus em casa. Lázaro, a quem Jesus ressuscitara (cf. Jo 11,1-44), além de grande amigo do Mestre, era irmão de Marta e Maria. Muito compreensível, portanto, que Jesus frequentasse a casa desses amigos com certa assiduidade. Moravam eles em uma pequena aldeia chamada Betânia, símbolo entre nós de um lugar de repouso e fé, onde nos encontramos com Deus. "Betânia interior", ou lugar geográfico, é um espaço propício para a contemplação.

> *"Estando Jesus em viagem, entrou em uma aldeia, onde uma mulher chamada Marta recebeu-o em sua casa. Tinha ela uma irmã, por nome Maria, a qual sentou-se aos pés do Senhor para ouvi-lo falar."*
> (cf. Lc 10,38-42)

Marta é provedora, dona de casa, atarefada em servir bem. Representa ela nosso lado humano, que precisa de pão, de água, de uma casa para morar. Marta é prática, organizada, com os olhos voltados para o material, para o agora, para o palpável. Solícita, sim, mas preocupada demais "com as coisas do corpo", sem tempo para sentar-se e ouvir o Mestre.

Maria tinha **olhos espirituais** e ouvidos atentos. Sentada aos pés do Mestre, olhos fixos no olhar de Jesus, ouvidos abertos a toda e qualquer palavra que Ele proferisse. Era para ela o grande momento de encontro: coração sedento, alma inquieta, buscadora de Deus.

Maria é figura de nosso lado espiritual, desejoso de compreender as coisas do Alto. Marta, atarefada com as lidas da casa, não concordava com a atitude da irmã. "Senhor, não te importas que minha irmã me deixe só a servir? Dize-lhe que me ajude". Esta é Marta. Humana, preocupada, terrena demais para o gosto de Deus. E o Mestre repreendeu-a por suas excessivas preocupações, seu olhar exageradamente materialista: "Marta, Marta, andas muito inquieta e te preocupas com muitas coisas".

A Marta que mora em você, em mim, estará ela disposta a ouvir a advertência do Mestre? Estará ela disposta a entender o que o Mestre quis dizer com "uma só coisa é necessária: Maria escolheu a parte melhor, que não lhe será tirada" (Lc 10,42).

Há lugar, em nós, para "Maria"? É urgente que ela nos acorde de nossa sonolência espiritual e nos ajude a abrir os olhos para contemplar e ouvir o Mestre.

TUDO É UMA QUESTÃO DE OLHAR. A interpretação que damos aos fatos da vida, desde os mais corriqueiros aos mais problemáticos, não é apenas uma questão emocional, é, antes, uma questão "visual". Com que olhos "vemos" a vida? Com medo ou com amor? Com decepções ou com esperança?

Marta e Maria moram dentro de nós. São elas nosso trabalho e pão de cada dia; nosso espaço e tempo para Deus. Ambas fazem parte da mesma jornada. O segredo é o equilíbrio entre elas. O meio-termo nos fará sábios.

Marta, que se agita e se angustia. E quem não a conhece?

Maria, que deseja parar, sentar-se aos pés do Mestre e ouvi-lo. Quem não precisa dela?

Cultivá-las, com amor, dividindo cuidadosamente o tempo para os homens e para Deus: este é o desafio que o Evangelho nos propõe. Marta e Maria... conheça-as! Elas moram em seu coração.

PRECE DA ESCUTA

Senhor, quero escutar tua palavra,
apenas te escutar com amor.
Meu lado "Maria" quer sentar-se
a teus pés, olhar em teus olhos
e beber, palavra por palavra,
tudo que tens a dizer-me.
Meu coração se alegra
ao ouvir tua voz redentora
e se aquieta em teu regaço amigo.
Fala, Senhor!
Quero ouvir-te em silêncio,
guardando cuidadosamente em mim
teus sábios ensinamentos.
Permite-me ser "Maria":
meu lado espiritual buscando Deus.
Preciso escutar tua advertência,
aquela que fizeste a Marta:
"Uma só coisa é necessária..."
Uma só é indispensável,
uma só é eterna.
Fala, Senhor!
Sou todo ouvidos,
sou "Maria" a teus pés.
Que, hoje e sempre,
assim seja!

10

OS OLHOS DA SAMARITANA

Comovente e encantadora a passagem bíblica da samaritana! Que extraordinária sensibilidade do Mestre ao conversar com esta mulher! Que olhar diferente o de Jesus! Que estranha ousadia de um judeu, pedindo água a uma mulher samaritana!

Era meio-dia. Calor, cansaço, sede, fome... tudo que um homem podia sentir nessa hora Jesus sentia. Caminhara quilômetros, e a sede o atormentava. Nada mais normal do que pedir um pouco de água a quem viesse retirá-la do poço de Jacó (cf. Jo 4,1-42).

O intuito de Jesus, no entanto, era outro. A água para o corpo servia de pretexto para um longo e aprofundado diálogo. Diante dele estava um coração inquieto de mulher. Um coração insaciável. Um coração que já experimentara "muitas águas" ao longo de sua vida, e nenhuma delas o havia saciado. E agora aquele estranho, sentado à beira do poço, falava-lhe de uma "água viva", com a qual jamais ela teria sede.

– E quem não gostaria de tê-la?

– Seria um alívio imenso não ter que buscá-la todo dia!

– Seria, sim, "um descanso para seu coração", devorado por sedes de amor que ninguém saciava.

"Vai, chama teu marido e volta cá", pediu-lhe o mestre. O diálogo tornava-se comprometedor. "Marido"? Ela tivera "cinco", conforme aquele misterioso homem estava a lembrar-lhe... "Senhor, vejo que és profeta"! Seus olhos começaram a abrir-se. Em momento algum olhara aquele homem com "olhos de desejo", como normalmente fizera com tantos outros. Seu coração palpitava forte e seu espírito se iluminava. Estava diante do inusitado, quem sabe, do divino.

Levada por sua natural curiosidade e seu profundo anseio de uma vida melhor, ao ouvir que aquele homem lhe falava das coisas de Deus, demonstrou sua esperança religiosa ao confessar-lhe:

> *"Sei que deve vir o Messias (que se chama Cristo): Quando, pois, vier, Ele nos fará conhecer todas as coisas". "SOU EU, QUEM FALA CONTIGO", disse-lhe Jesus.*
> (Jo 4,25-26)

E o coração de samaritana exultou! Esqueceu-se da água, da vida conturbada que levava, dos amores fracassados que tivera... esqueceu-se de si mesma para anunciar aos homens de sua cidade a surpresa que estava tendo: "Vinde e vede um homem que me contou tudo que tenho feito. Não seria ele porventura o Cristo?"

Seus olhos enxergavam agora o que dantes nunca tinham visto. Viam, diante de si, o "Salvador do mundo", como seus conterrâneos com ela o reconheciam. E creram nele, levados pelo entusiasmo daquela mulher, que os fez conhecer o Mestre, convidando-o a ficar com eles alguns dias. Receptivo como sempre, Jesus ficou dois dias com eles, abrindo-lhes, com suas palavras, a fé e o entendimento das revelações do Novo Reino.

A samaritana, que mora em cada um de nós, terá encontrado a "água viva" que aplaca toda e qualquer sede?

Nossos olhos veem o invisível que se esconde em cada acontecimento, em cada pessoa que encontramos?

Muito tem a samaritana a nos ensinar: sua "sede" também é a nossa. Seu coração insatisfeito pulsa em nosso peito. Corramos ao "poço de Jacó": a sua beira, Jesus nos aguarda. A "água viva", que Ele nos oferece, irá saciar nossas sedes. Conclamem a cidade toda: eis que ELE chegou! "O salvador do mundo" está entre nós: alegremo-nos!

PRECE PELA ÁGUA VIVA

Minhas sedes, Senhor, são muitas
E, às vezes, não sei como aplacá-las.
Busquei respostas em tantos caminhos
que não me levaram a nada!
Busquei saciar a sede de infinito
em águas incapazes de amenizar
as ânsias de meu coração.
De mãos vazias, Senhor,
prostro-me agora a teus pés.
Dá-me desta "água viva"
que dessedente minhas sedes de amor,
minhas sedes de felicidade,
minhas sedes de realização.
Sou um eterno insatisfeito, Senhor,
buscando diariamente minhas águas
em poços que me obrigam
a retornar sempre de novo.
Quisera ter a graça
que a mulher samaritana teve!
Quisera encontrar-me contigo, Senhor,
à beira do poço da vida
e beber das águas eternas
que emanam do teu coração.
Sacia minhas sedes, Senhor!
Sacia-as para sempre.
Amém!

11

ENTRE OLHARES ADÚLTEROS

Deveria ter sido extremamente constrangedor para o Mestre, sendo conhecedor dos corações que acusavam aquela mulher e que queriam apedrejá-la, ver a falsidade desses homens. Estava rodeado, como a pecadora, por "olhares adúlteros", muito mais perversos e infiéis que os da própria mulher adúltera, que ameaçavam apedrejar.

Imparcial e injusta era a Lei. Desde o tempo de Moisés, condenava-se apenas as mulheres. Eles – os homens – poderiam fornicar. Elas, não. Eles poderiam trair. Elas não. Eles poderiam julgar. Elas, apenas ser julgadas.

Apanhada em adultério (cf. Jo 8,1-11), o próprio fornicador, com quem pecara, poderia agora lhe jogar pedras. Tantos outros, que, quem sabe, já teriam deitado com ela, estavam também com pedras nas mãos para matá-la. Que tremenda hipocrisia! Que nojenta falsidade! A Lei permitia apedrejá-las. Adúlteros "matando" seu próprio pecado. Corações insensíveis e falsos, arvorando-se o direito de juízes.

E aí estavam eles, perversos e irônicos, questionando o Mestre para saber o que diria a esse respeito. Vejo, estarrecido, a cena cruel diante de mim. Uma bela e jovem mulher, atônita e desfigurada, em pranto e desespero, jogada ao chão pela implacável violência daqueles homens.

Ei-la, a pecadora! A adúltera! A que deve mor-rer para lavar a honra que foi manchada! A seu redor, um "bando de feras": os homens que iriam apedrejá-la. Já o teriam feito, não fora a armadilha que tramavam para enredar o Mestre. Dependendo do que dissesse, teriam provas para acusá-lo.

Vendo o alvoroço que se armara ao redor da pobre mulher, Jesus se aproximou para protegê-la. Questionado, pôs-se a escrever com o dedo na terra. Dava-lhes, assim, tempo para pensarem melhor? Escrevia, naquele chão, palavras que a perdoassem? Misteriosa escrita que o Mestre executava! Ninguém, até hoje, decifrou-a. Quisera acalmar os ânimos, apelar à piedade, revisar a consciência dos algozes? Ninguém o saberia.

Se remontássemos, amigo leitor, ao tempo de Jesus e estivéssemos presenciando a cena, que partido iríamos tomar?

Seríamos algum daqueles hipócritas que acariciaram com a mão direita e com a esquerda apunhalaram?

Teríamos nossas "pedras de condenação" nas mãos, prontos para jogá-las naquela pobre adúltera, conhecida nossa? E se fôssemos nós, a pecadora?

Jesus continuava a escrever no chão. Como insistissem para que se pronunciasse a respeito, desafiou-lhes a consciência com uma das frases mais contundentes do Evangelho:

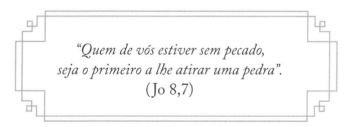

"Quem de vós estiver sem pecado, seja o primeiro a lhe atirar uma pedra".
(Jo 8,7)

Fora como bomba que explodisse nas mãos daqueles sádicos! Quem ainda não pecara? Em meio a homens mais jovens, os mais idosos largaram primeiro suas pedras e, um por um, retiraram-se envergonhados, com a consciência a acusá-los de seus próprios pecados. Todos – relata São João – TODOS, aos poucos, retiraram-se. Ficaram apenas Jesus e a pecadora. Prostrada a seus pés, aguardava ela a sentença do Mestre. "Mulher, onde estão os que te acusavam? Ninguém te condenou? – Ninguém, Senhor". Fixando seu olhar misericordioso no olhar amedrontado e suplicante daquela mulher, disse-lhe então Jesus: "Nem eu te condeno. Vai e não tornes a pecar".

Se antes chorara de medo e desespero, agora as lágrimas daquela mulher transformaram-se em júbilo e alegria; ela ficou eternamente agradecida ao Mestre, que a salvara da condenação fatal. Assim era Jesus. Assim continua sendo. De braços abertos, aguarda-nos compassivo. Hoje e sempre, é Ele nosso Salvador.

PRECE EM
BUSCA DE PERDÃO

Senhor, a história da mulher adúltera
mexe profundamente comigo.
Ajoelho-me, em espírito,
diante de ti e imploro teu perdão.
Preciso largar as pedras
que, às vezes, carrego ao julgar os outros.
Preciso desarmar meu coração
para não condenar hipocritamente
a quem eu deveria perdoar.
Sei que tenho meus pecados,
e eles, silenciosamente, acusam-me.
Resta-me apenas, Senhor,
prostrar-me diante de ti
e aguardar tua misericórdia.
Quero sentir-me perdoado
como a pecadora que salvaste.
Quero entoar, jubiloso,
meu cântico de alegria e louvor
por saber-me acolhido por ti.
De coração agradecido
celebro minha libertação.
Que assim seja!

12

A VERDADEIRA PORTA DE ENTRADA

Os olhos do pastor são eternas sentinelas. Vigiam cada ovelha com extremo cuidado. Normalmente são poucas, e um rebanho pequeno precisa de redobrada atenção. Uma ovelha que falte é perda sentida. Ela faz parte do pastor e extraviar-se é como perder um pedaço de si. Uma a uma ele conhece pelo nome, e elas conhecem sua voz, seu timbre especial, diferente de qualquer estranho.

Leia e reflita comigo, leitor ou leitora destas páginas, no extraordinário texto do evangelista São João (cf. Jo 10,1-16), no qual Jesus se apresenta como o único verdadeiro pastor, a única porta de entrada pela qual ovelhas devem entrar. Todas as demais são falsas e enganosas e por elas passam os ladrões e os salteadores. É uma questão de vida ou morte: entrar pela verdadeira porta, que é Jesus, significa salvação assegurada. Cair nas mãos de assaltantes é roubo e destruição.

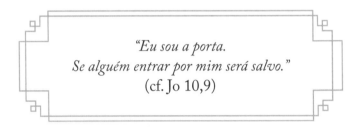

*"Eu sou a porta.
Se alguém entrar por mim será salvo."*
(cf. Jo 10,9)

Seja qual for a denominação religiosa a que você pertença, a porta de entrada e salvação é uma só: **Jesus**, o **Cristo**. Não há outro nome sobre a face da terra que seja nosso redentor, a não ser este: Jesus, o Filho de Deus, feito homem. Ele, somente ELE, salva-nos e redime de nossos pecados. Nossa fé em sua mensagem e adesão a ela, ao Novo Reino por Ele pregado são nossos bilhetes de entrada pela única e verdadeira porta que nos conduz às pastagens eternas. Nossas obras precisam corresponder a nosso ato de fé. Cristãos de "nome" ou de fato: eis a diferença que faz a diferença.

As ovelhas conhecem sua voz... Conhecemo-la nós, de verdade?

E elas seguem seu pastor... E nós, é a ELE que seguimos ou "qualquer porta" nos serve?

A missão assumida por Jesus da parte do Pai, Ele a define em poucas palavras:

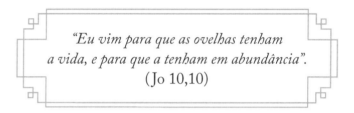

"Eu vim para que as ovelhas tenham a vida, e para que a tenham em abundância".
(Jo 10,10)

VIDA EM PLENITUDE: eis o desejo do Mestre em relação a cada um de nós. Nada de meios-termos, nada de superficialidades existenciais:

– VIDA EM ABUNDÂNCIA Ele quer para todos.

– VIDA PLENA que nos encha de alegria.

– VIDA PLENA que nos torne otimistas.

– VIDA PLENA que nos faça viver com ânimo e disposição.

– VIDA PLENA que nos transforme em pessoas motivadas e altruístas.

– VIDA PLENA que nos leve a ser arautos e entusiastas do Novo Reino.

> *"Tenho ainda outras ovelhas*
> *que não são deste aprisco.*
> *Preciso conduzi-las também*
> *e ouvirão minha voz,*
> *e haverá um só rebanho e um só pastor."*
> (cf. Jo 10,16)

Esse é o desejo do coração de Cristo. Essa é a finalidade de sua vinda. Nosso olhar, que um dia se encontrou com o seu, não pode mais continuar como antes: **vendo sem ver**. É hora de agir. É hora de transformar a triste realidade que nossos olhos diariamente veem, e apenas veem... Nosso olhar no olhar de Cristo nos convida a sermos apóstolos também. Há muito que fazer. Muitos a reconduzir, indicando-lhes a verdadeira porta de entrada: a ÚNICA, Jesus, o Cristo. Esse é o convite. A resposta?...

PRECE PARA VIDA EM ABUNDÂNCIA

Senhor,
vez por outra o desânimo me abate,
a falta de fé me retrai,
a depressão me prostra.
Sinto-me frágil e inseguro,
pequeno e incapaz diante dos desafios
que a vida diariamente me oferece.
Quisera tanto, Senhor,
ter vida em abundância!
Quisera tanto viver saudável,
próspero e feliz!
A vida parece fugir-me das mãos
como areia escorregadiça
que, desesperadamente, tento segurar...
Dá-me, Senhor, a graça do entusiasmo,
de sentir-me habitado por Deus,
de olhar com olhos cristificados
a realidade com a qual convivo.
VIDA PLENA, Senhor:
este é também meu desejo,
este é meu pedido suplicante.
Que assim seja!

13

A PERDA DE UM AMIGO

Dizem os estudiosos ser este o versículo mais curto da Bíblia. Se assim for, é também o mais humano, o mais comovente, o mais amigo, o versículo mais "coração" dos Evangelhos. "E Jesus chorou" (Jo 11,35).

Jesus *"pôs-se a chorar"*, conta-nos o evangelista São João. Poucas palavras. Emocionantes. Carregadas de amor. Imensamente carregadas. Eram amigos. Muito amigos. E o coração humano e amoroso de Jesus comoveu-se ante a perda de Lázaro. Sua casa, em Betânia, era aconchego frequente de Jesus. Marta e Maria, irmãs de Lázaro, recebiam-no com todos os cuidados e atenções possíveis, carinhosamente dispensadas ao Mestre, que tanto amavam.

Jesus estava longe, distante vários dias de caminhada. Sabia da enfermidade de Lázaro e, mesmo assim, "demorou-se ainda dois dias no mesmo lugar" (cf. Jo 11,1-44).

Sua intenção era clara: ressuscitaria Lázaro, seu amigo, demonstrando-lhe assim todo seu amor e glorificando a Deus, para que os discípulos e o povo, vendo o milagre, cressem nele.

> *"Senhor – disse-lhe Marta –, se tivesses estado aqui, meu irmão não teria morrido... – Teu irmão ressurgirá. Eu sou a ressurreição e a vida. Aquele que crê em mim, ainda que esteja morto, viverá."*
> (cf. Jo 11,21-25)

Marta e Maria eram dúvida e esperança. Eram choro e fé. Sabiam que tudo ao Mestre era possível. Mas, ressuscitar um homem que há quatro dias estava no sepulcro, seria também isso possível? Choravam seu desconsolo, e Jesus comoveu-se em espírito ao vê-las assim, tristes e angustiadas pela perda do irmão. *Afinal, salvara a tantos, muito bem poderia Ele ter impedido a morte de seu amigo.... Que profeta era esse!*, confabulavam entre si os judeus. "Onde o pusestes? Tomado novamente de profunda emoção, Jesus foi ao sepulcro."

Conforme costume da época, muitos eram sepultados em grutas, com uma grande pedra a fechar a entrada. "Tirai a pedra", ordenou Jesus. A reação humana não poderia ser diferente.

– "Não!", diriam os incrédulos

– "Já cheira mal" – disse-lhe Marta – Pois há quatro dias que ele está aí...

Reação humana normal, reação divina, não. Lágrimas, sim. Descrença, não. "Se creres, Marta, verás a glória de Deus."

Era o homem-Deus chorando a perda do amigo. Era Deus-homem ressuscitando Lázaro. "Pai, rendo-te graças porque me ouviste. Eu bem sei que sempre me ouves...". Agradecimento antecipado. Antes mesmo de o milagre acontecer, a certeza da fé agradecia. Olhos marejados de lágrimas, mas "voltados ao alto". "Lázaro, vem para fora!" Era a vitória da vida. A morte cedendo lugar à ressurreição. Lázaro reviveu. Seu espírito, por ordem de Jesus, voltou a seu corpo. "Saiu" da escuridão da morte, desligando-se, com a ajuda de amigos, das faixas que o prendiam. Estava novamente livre, com os olhos descobertos e o corpo em perfeita saúde. Estrondoso milagre! Nada assim fora visto ainda em terras da Judeia! E a partir daquele dia, muitos judeus creram nele. Outros, no entanto, conspiravam matá-lo.

E nós, faríamos o quê?

Choraríamos a morte do amigo, ou creríamos em sua ressurreição?

Somos Marta e Maria. Choro e esperança.

– E a fé, triunfará ela em nós?...

PRECE PELOS AMIGOS QUE PARTIRAM

Hoje, Senhor,
não quero rezar por mim.
Quero lembrar meus amigos que partiram.
São tantos, Senhor!
Quanto choro derramado!
Quanta lágrima vertida!
Quantos dias de tristeza!
Quanta solidão e saudade!
Ressuscita-os para a vida eterna,
Senhor da Vida e de Morte!
Partiram, mas não morreram.
Creram em ti, na pobreza de sua fé,
mas CRERAM.
Em nome dessa fé, Senhor,
peço por eles: que tenham luz,
que tenham paz, que tenham amor.
Que os olhos de seu espírito
se abram para o entendimento
da passagem que realizaram
e do sentido da missão que viveram.
Ilumina-os, Senhor!
Sejam felizes,
remidos por teu perdão,
envoltos em teu amor.
Que assim seja!

14

TREVAS E LUZ

Andar no escuro é tarefa difícil. Viver na escuridão é mais difícil ainda. É não ter rumo certo, passo firme, caminho seguro. É como viver tateando, sem garantia alguma de futuro. E tem muita gente assim: vive sem luz, acostumando-se às trevas, como se a vida fosse um constante desafio. Certezas?... Só a certeza da escuridão, dos olhos que nada veem.

O Mestre conhecia muito bem as necessidades do coração de seus ouvintes. Sabia de suas buscas, de seus temores, de suas inquietações. Ninguém melhor do que Ele para entender suas dúvidas, seus conflitos e angústias. Andavam, muitos deles, como "ovelhas sem pastor, perdidos no vale da morte" (cf. Sl 23), necessitados de orientação e luz para seus passos indecisos. Ele estava ali: a Luz Verdadeira brilhando para todos, amado por uns e odiado por outros. Aceito e contestado. Acolhido e renegado. Querendo ou não, visto por todos. Luz que brilha é farol que ilumina ou claridade que ofusca. Aos olhos, pouco afeitos à luz, é desconforto. Assim era Jesus: contradição para uns, certeza para outros. Dilema e caminho. Para todos, uma opção a ser tomada.

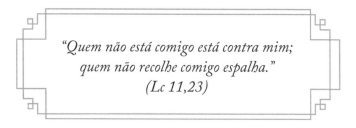

"Quem não está comigo está contra mim; quem não recolhe comigo espalha."
(Lc 11,23)

Diante da luz é preciso posicionar-se. Seguir o caminho indicado ou escolher seu próprio caminho. *"Não se acende uma lâmpada para colocá-la debaixo da mesa."* Se ela existe para clarear, para debelar as trevas, tem de ser vista por todos. "O olho é a lâmpada do corpo. Se teu olho é são, todo corpo será bem iluminado" (cf. Lc 11,33-36).

Nosso olhar, amigo leitor, é luz? Tem ele brilho suficiente para não enfraquecer diante do poder das trevas?

Manter o coração iluminado nos permite ver o Cristo como "Luz do mundo" e nossa Luz, seguir seus passos aderindo integralmente à mensagem do Novo Reino.

É isso que está acontecendo em nossa vida?

Trevas e luz: polaridades que se complementam, repelem, interligam, em um constante jogo de suplantar o poder de um e de outro. É a morte. É a vida. Sem uma, a outra perderia a razão de ser. A escolha nos desafia: podemos optar. Mais trevas ou mais luz. Mais morte ou mais vida. Constantemente optamos.

Nosso olhar no olhar de Cristo nos torna luzeiros como a Luz que Ele é. Este é o convite que os "cristãos" – aqueles que internalizaram Cristo em suas vidas – têm diante de si diariamente: BRILHAR, para que os outros vejam sua luz e ela os conduza à Luz Verdadeira, que é Cristo, nosso Salvador.

Há muitas trevas atrapalhando a caminhada da humanidade. Falsidades e corrupção, ódios e intrigas, racismo e guerras, violências e mortes, drogas e destruição: desafios imensos a ofuscar o brilho da luz. Século XXI: século de quê?... De trevas ou de luz? A resposta é sua. Depende de suas opções.

PRECE EM BUSCA DE LUZ

É tão desconfortável, Senhor,
andar na escuridão espiritual
perdendo-te, muitas vezes, de vista...
Fico inquieto, inseguro,
sem saber o rumo a tomar.
Fico receoso, com medo dos fantasmas
que assombram minha alma angustiada.
Preciso de luz, Senhor, urgentemente!
Luz que me indique o caminho,
luz que me oriente, que me guie,
que brote do íntimo de meu coração.
Seguro e confiante, quero atravessar
os vales escuros da morte
que tentam sucumbir meus passos.
Vivo e um mundo conturbado, Senhor,
e sem a luz da fé,
sem a luz da esperança;
minha alma se aniquila em vãos cuidados.
Suplico-te, Senhor:
ilumina os caminhos de meu coração,
fortalece minha frágil vontade,
ressuscita-me para viver na luz.
Que o brilho de teus olhos, Senhor,
clareie meu olhar vacilante.
Guiado por tua luz
eu caminhe em segurança,
passos firmes em tua direção.
Que assim seja!

15

UNIDOS AO CRISTO

Uma das metáforas mais claras e fortes que o Mestre contou, para instruir-nos, é a da videira e dos ramos. Impossível não entendê-la. Impossível não ser questionado por seu conteúdo. Por si mesma, fala ao coração. Questiona a indiferença de nossa alma. Sacode nossa apatia. Ou vivemos unidos ao Cristo como o ramo à videira, ou murchamos e morremos longe dele.

Reflita, amigo leitor. A sensibilidade do apóstolo João que – conhecido como "filho do trovão" antes de conviver com Jesus – registra, em seus escritos, esta magnífica passagem de vivência cristã, profunda e desafiadora (cf. Jo 15,1-8).

Jesus é a videira. Seu Pai, o agricultor. Ele sabe. Ele cuida. Conhece o ramo infrutífero e corta-o. Conhece o ramo a ser podado, e poda-o. Frutos de vida eterna só podemos produzi-los, se permanecermos em Cristo, e Ele, em nós. Ramo ligado à árvore dá fruto. Cortado, seca e vai ao fogo.

A indiferença e a falta de fé nos tornam galhos infrutíferos. Enxertados na videira pelo batismo, falta-nos a vitalidade da verdadeira união com o Cristo. Somos apenas galhos a ocupar espaço no tronco. Nada produzimos. Para nada servimos.

Nossos pecados nos secam. Desamor, injustiças, falta de respeito ao próximo, racismo, corrupção, exploração sexual, drogas, desigualdades sociais... tudo que é contrário à mensagem de "vida em abundância" que o Mestre ensinou é nosso pecado contemporâneo. Negá-lo é cegueira espiritual. É acreditar que o ramo, por si só, separado da videira, possa produzir saborosas uvas. É negar o óbvio: viver um cristianismo de fachada, sem compromisso algum com o batismo recebido.

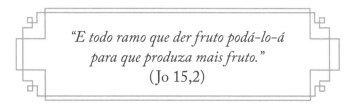

"E todo ramo que der fruto podá-lo-á para que produza mais fruto."
(Jo 15,2)

A poda dói, faz sangrar a videira. A dor e o sofrimento são podas espirituais. Nossas mazelas humanas, nossas limitações e finitudes, inerentes à condição de criaturas, são podas que nos fazem sangrar. São, no entanto, indispensáveis para que haja abundância de frutos.

– Enfim, quem somos nós? Cristãos de "lembrança batismal", emoldurada em casa, revivida na Páscoa e no Natal pelos presentes de nossos padrinhos? Nada mais?...

– Quem somos: cristãos individualistas, um número a mais na contagem do IBGE, é isso que somos?

A videira e os ramos são nossa vida, nosso questionamento cristão diário. Seu apelo é constante e radical. Galhos secos vão ao fogo. A morte é seu destino. E a morte espiritual ronda a todos que nele – no Cristo – não produzem "obras de vida eterna".

Paremos um pouco para pensar em nossa vida.

– Que tipo de ramos somos nós, você e eu?

– Como aceitamos as "podas" que a vida diariamente nos impõe?

– Que atitudes cristãs nos faltam para comprovar que somos realmente ramos frutíferos?

"Nisto é glorificado meu Pai, para que deis muito fruto e vós torneis meus discípulos" (Jo 15,8). Eis o convite. A escolha dos frutos que virão é sua. Boa colheita!

PRECE DO RAMO A SER PODADO

Tenho medo, Senhor.
Tenho medo da poda,
da dor e do sangramento que ela traz.
Tenho medo da cruz que carrego,
do sofrimento que a fragilidade humana
todo dia me reserva.
Que eu suporte a poda, Senhor!
Sem ela não há frutos novos,
sem ela não há abundância.
Há ramos infrutíferos em mim:
Egoísmos, que machucam os outros,
Indiferenças, que excluem,
Desamores, que oprimem...
Corta-os, Senhor!
Que a mão cuidadora de teu Pai
examine, carinhosamente, meu crescimento
e, com amor, ensine-me a suportar
as lágrimas que a poda requer.
Quero ser podado, Senhor,
preciso ser podado.
Dá-me a coragem de sofrer
a dor passageira, que o corte exige,
que o desprendimento proporciona,
que o sacrifício carrega.
Que eu produza frutos, Senhor,
frutos em abundância.
Amém!

16

O AMOR COMO SINAL

As denominações são as mais diversas. A finalidade é sempre a mesma: tornar conhecido o produto ofertado. Você conhece seu time pelo distintivo, pela cor da camiseta, pelo hino, pelo grito da torcida... Um carro você distingue pela logomarca; uma roupa, pela grife; uma cerveja ou refrigerante, pelo rótulo estampado em sua publicidade. Investem-se milhões em logotipos, em imagens que tornem atraente o produto comercializado. Condiciona-se o inconsciente a distinguir, em um relance, de forma automática, "o que veste melhor, o que é mais bonito, mais chamativo, mais gostoso"... Inclua-se a paixão pelo esporte, preferências por bebidas, criam-se ídolos da música e do cinema... e festeja-se o retorno financeiro que tudo isso proporciona.

Nascem assim os teleguiados, os torcedores fanáticos, os fundamentalistas extremados, os consumidores compulsivos, os cibernautas plugados... todo tipo de "robôs humanos" que não pensam mais por si, porque outros dominaram sua mente.

Não é isso, ao certo, que Jesus pensou ao dar a seus seguidores um "sinal" pelo qual fossem reconhecidos. E fez questão de declará-lo diversas vezes. Seu desejo é que este seja o distintivo de todo cristão. Não exigiu vestes especiais, sinais exteriores que caracterizassem seus discípulos. Pediu mais, muito mais. Quis o coração das pessoas. O afeto, a adesão, enfim: o AMOR. Este é o único mandamento, este é o emblema pelo qual se conhece quem é de Deus. Este é o sinal, sem o qual pouco adianta carregar uma cruz no peito, vestir camiseta de confraria, erguer a igreja mais alta e bonita, entoar hinos em procissões e cultos, fazer longas rezas... pouco adianta tudo isso sem amor. Sem ele, nada disso cria raiz, nada produz fruto, nada é capaz de salvar.

"Nisto todos conhecerão que sois meus discípulos: se vos amardes uns aos outros." (Jo 13,35)

Aqui está o novo, o surpreendente, o grandioso. UM mandamento apenas, tanto em relação a Deus quanto em relação aos homens: o AMOR.

O Mestre simplificava tudo. Os doutores da Lei haviam impingido um pesado jugo aos ombros do povo. Mil e uma exigências religiosas e legais; tradições a serem respeitadas; costumes a ser obedecidos, enfim: uma verdadeira ladainha de rezas e exterioridades que, poucos ou quase nada, tocavam o coração das pessoas. Seu íntimo era frio, distante e pouco amoroso. "Em nome da Lei" julgavam e condenavam os outros, sem um mínimo de piedade. Excluíam certas classes de doentes, segregavam povos, rotulando-se "justos perante Deus" por serem meros executores de preceitos por eles elaborados.

Para o Mestre, isso era hipocrisia. E assim o classificava. Para ele, "amar a Deus de todo coração e ao próximo como a si mesmo", nisso se resumiam a Lei e os profetas (Lc 10,27).

É esse o sinal que você preza? Ele implica observar as palavras do Mestre, testemunhar seu nome, viver seu amor, tornar-se morada de Deus. "Se alguém me ama, guardará minha palavra, e meu Pai o amará, e nós viremos a Ele e nele faremos nossa morada" (Jo 14,23).

Eis a grandeza de "ser cristão": viver a alegria da presença de Deus, da Trindade Santa, em nós. Manifestar seu amor ao mundo, testemunhar sua verdade salvadora a todos.

Nosso emblema é o amor. Verdade?...

– E o mundo em guerra?

– E os sequestros e assaltos?

– E as mortes injustas?

– E as discriminações raciais?

– E as crianças e jovens explorados?

– E a fome, a doença, a miséria, as mortes sem assistência médica?

Cadê o amor? Cadê o Cristo? Cadê você e eu, cristãos de nome ou de verdade?...

PRECE PARA VIVER O AMOR

Como é difícil amar, Senhor,
como tu nos amaste!
Deste-nos tudo: a própria vida.
Sem medos, sem reservas,
como quem veio assumir sua missão.
Missão de resgate, de retorno ao Pai,
missão de salvação e vida.
Sinto-me, às vezes, Senhor,
envergonhado de minhas atitudes.
Ainda não sei amar de verdade,
não sei esquecer-me de mim,
não sei doar-me por inteiro.
Há muitas reservas em meu coração
prendendo-me a egoísmos e posses,
amarrando-me a velhos preceitos,
que se incrustaram em mim
desde minha juventude.
Liberta-me, Senhor, eu clamo por ti!
Ensina-me a amar de coração,
sem mentiras e falsidades.
Quero que o **amor** seja o **sinal**,
o único sinal que me distingue,
o sinal que me orgulha de ti.
Peço-te apenas isso:
que eu saiba VIVER O AMOR. Assim seja!

17

A CORAGEM
DE CADA DIA

Jesus era um homem extremamente decidido. Determinado em tudo, sabia muito bem quais eram seus objetivos e as metas para alcançá-los. Coragem não lhe faltava. Firmeza, otimismo, alegria, bondade, amor... as virtudes que você quisesse enumerar Ele tinha. Assim era Jesus, Mestre extraordinário como dantes jamais alguém pisara esse chão e como jamais alguém pisaria.

– Você já parou para pensar, amigo leitor, quanto equilíbrio emocional deveria ter alguém diariamente observado e até mesmo perseguido por autoridades políticas e religiosas, sem se abalar em seus propósitos?

– Já percebeu a incrível estabilidade de caráter que o animava para manter-se inabalável diante de calúnias, difamações e ameaças que sofria por parte de seus ferrenhos opositores?

– Sentiu o quanto deveria ser forte, física e psicologicamente, para percorrer, a pé, distâncias e mais distâncias, da Galileia à Judeia, pregando incansavelmente a mensagem do Novo Reino, curando os doentes e expulsando os maus espíritos?

Este é Jesus, o Filho de Deus, plenamente humano como nós e, assim sendo, sujeito aos cansaços e aos medos da vida. No entanto, jamais vacilou diante de sua missão. Viera resgatar a humanidade, libertando-a de seus pecados e isso lhe custaria a própria vida. Morreria da forma mais cruel e vergonhosa que na época existia: ser pregado em uma cruz, que Ele mesmo deveria carregar. Em meio a ladrões e malfeitores, crucificariam seu corpo, em uma dor insuportável para quem quer que fosse. E assim iria agonizar, durante seis longas e sofridas horas.

Tudo isso Jesus sabia. Ele mesmo, repetidas vezes, anunciara de que forma morreria. Nem por isso recuava. Seus olhos estavam firmemente voltados para o plano salvífico, que viera cumprir. Nada e ninguém iria dissuadi-lo desse intuito. Obstáculo algum iria afastá-lo de seu caminho. Jamais desistiria!

Sua missão era árdua e difícil, mas Ele a cumpriria até o fim, até as últimas consequências que isso acarretasse. E assim aconteceu. Pouco antes de sua morte, reuniu-se com seus amigos – os apóstolos, que há três anos de perto o acompanhavam – e celebrou com eles, festivamente, a Páscoa. Mesmo sabendo que iria morrer no dia seguinte, permitiu-se a alegria de uma gostosa janta, com direito a um carinhoso discurso de despedida, cheio de recomendações e pedidos, que falavam diretamente ao coração de seus convivas.

Entre as tantas fantásticas mensagens de amor e carinho, de segurança e consolo, que o Mestre lhes transmitiu naquela memorável noite – noite da instituição da Eucaristia e do Sacerdócio cristão –, uma pequena, mas enfática frase, define com toda clareza o perfil deste homem maravilhoso. Diante da tristeza e do medo, que se abatiam sobre os apóstolos – sabedores da morte do Mestre –, Ele foi extremamente animador.

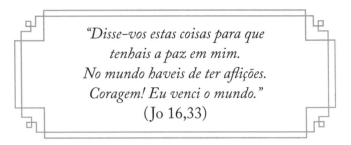

> *"Disse-vos estas coisas para que tenhais a paz em mim. No mundo haveis de ter aflições. Coragem! Eu venci o mundo."*
> (Jo 16,33)

Leia atentamente comigo as páginas mais humanas e divinas que o coração do Mestre produziu entre todos os seus ensinamentos.

– Sua última conversa com os discípulos.
– O lava-pés e o novo mandamento.
– A instituição da memória de seu corpo e sangue, no pão e no vinho por Ele partilhados.
– O anúncio da vinda do Espírito Consolador.
– Sua prisão, morte e ressurreição.

Tudo isso e muito mais, amigo leitor, você encontra, de forma admirável no Evangelho de São João, a partir do capítulo 13.

Levante, pois, sua cabeça! Se o desânimo chegar, se a depressão quiser abatê-lo, lembre-se da pessoa de Jesus: "Coragem! Eu venci o mundo". Procure ser um "discípulo": aquele que segue, que imita, que modela em sua vida as atitudes do Mestre. Erga-se da prostração psicológica, jogue fora suas tristezas, como Ele o fez.

Ser cristão é espelhar-se nos exemplos de Cristo. É fixar, profunda e carinhosamente, seu olhar no olhar dele e prosseguir. A vida não para. Você também não. Se o caminho é longo, apressemo-nos! Juntos, você e eu, venceremos a cada etapa. Vamos!

PRECE PARA PEDIR CORAGEM

Os medos, Senhor, assustam-me
com seus enormes fantasmas.
Quando eu vacilo, crescem ainda mais
os perigos que me aterrorizam.
Preciso de coragem, Senhor!
Muita coragem para prosseguir,
para superar meus obstáculos diários,
para amar de todo coração.
Como é difícil o que me pedes
em termos de amor!
Entrega total, sem reservas,
coragem para transformar o mundo,
incendiá-lo com o fogo
de teu Espírito renovador.
Amar assim é renunciar,
é doar-se até a morte,
é viver fazendo o bem,
sem distinção de sexo ou cor.
Dá-me, Senhor, a graça de ser forte,
de ter a coragem, que te animava,
a alegria e a determinação
que norteavam teus objetivos.
Mais uma vez eu suplico:
dá-me coragem, Senhor!
Que assim seja.

18

BARRABÁS OU JESUS?

Viver é optar. Fazer escolhas. Definir-se. Nosso livre-arbítrio nos dá essa responsável e grandiosa permissão. Responsável, porque nos condena ou salva por escolhas próprias. Grandiosa, por nos dar a liberdade de escolher nossos próprios caminhos e arcar com as consequências de cada decisão nossa. Somos nossos próprios arquitetos. Nossos próprios juízes. Assim Deus o quis para seus filhos: que não fôssemos apenas joguetes em suas mãos, mas artífices de nosso próprio destino.

Certo dia, a história da humanidade registraria um fato jamais imaginado. O Justo, o Salvador, o Mestre Jesus seria colocado, lado a lado, com um ladrão e assassino, temido por todos e agora por todos preferido: Barrabás. Inúmeras vezes já me imaginei fazendo parte deste cenário. Se eu tivesse estado aí, que posição teria tomado? Ficado quieto, teria me omitido, tomado partido a favor de Jesus, ou gritado com os sumos sacerdotes e a plebe, por eles incitada, para que o Mestre fosse condenado? Pilatos queria contornar a situação sentindo que Jesus era inocente.

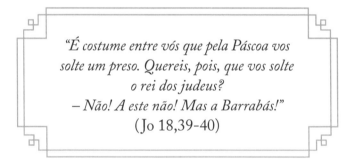

"É costume entre vós que pela Páscoa vos solte um preso. Quereis, pois, que vos solte o rei dos judeus?
– Não! A este não! Mas a Barrabás!"
(Jo 18,39-40)

Em nossos dias, a cena de condenação ou absolvição de Jesus continua viva. Barrabás tem outros nomes. Confrontam-se as trevas e a luz. O assassino e o inocente. O sequestrador e o sequestrado. O culpado e a vítima.

De um lado temos Barrabás. Símbolo de perversão humana, ele encarna o "lado sombra" de todo ser. "Salteador", incitando o povo à revolta contra César, tramando rebeliões e praticando assaltos. Barrabás é nosso pecado, do qual também nós não estamos isentos.

De outro lado, Jesus. O bem, a verdade, o amor, a justiça são escolhas diárias nossas. Definimo-nos por Ele e por seu Reino. Somos testemunhas da Boa-Nova, que Ele pregou e que está viva entre nós, por nossa participação. Somos sua Igreja, seus discípulos, seus mensageiros no século XXI.

Hoje, nosso pecado é a injustiça e a corrupção, o traficante de drogas, o ladrão e o assassino, o assaltante de Bancos, o sequestrador... Ei-los, lado a lado, o perigoso salteador e o profeta inocente: a quem preferimos? Barrabás ou Jesus é nosso dilema diário.

Cada escolha nossa implica posicionar-nos contra ou a favor de um deles. É o ódio e o amor, a morte e a vida, desafiando-nos a optar. Não há como fugir. A opção tem de ser feita. Não optar é também optar. Nossas atitudes nos definem: somos a favor de Barrabás ou preferimos Jesus?

"Eis o homem!" (Jo 19,5b), disse Pilatos ao povo, trazendo Jesus novamente para fora. Sem sombra de dúvida, este é de fato "o homem", seu representante máximo. O mais equilibrado, sensível, amoroso, sábio e inteligente que já pisou a face da terra. É nosso espelho, modelo e exemplar único: Jesus de Nazaré, o Mestre dos mestres. Eis a nossa escolha, amigo leitor. A vida falará de nossas preferências. Você já definiu claramente sua opção? Barrabás ou Jesus: A escolha sempre é sua.

PRECE PARA APRENDER A OPTAR

Estou confuso, Senhor,
com medo de fazer escolhas erradas.
Às vezes, não paro para pensar,
ajo no impulso, no instinto,
que a natureza me deu,
e sei que cometo inúmeros erros.
Quisera saber optar com lucidez,
com plena consciência da responsabilidade
que minhas escolhas carregam.
Sei que não é fácil viver
de acordo com teus preceitos,
seguir diariamente teus passos,
testemunhar teu imenso amor,
doar-se em resgate pela humanidade.
Ilumina, Senhor, minha mente,
meu coração inquieto e buscador.
Quero aprender a optar com retidão,
definir-me em todas as atitudes
a favor de teu Reino,
a favor de ti, Senhor.
Barrabás ou Jesus:
que minha vida comprove
que eu fiz a escolha certa.
Que assim seja!

19

CRER SEM TER VISTO

O apóstolo Tomé tornou-se referência de todos os incrédulos, daqueles que representam o velho paradigma do "ver para crer". Após sua morte e ressurreição, Jesus apareceu diversas vezes a seus apóstolos, ainda cheios de medo dos judeus (cf. Jo 20,19-29). Por meio de muitos sinais, demonstrou-lhes ser de fato ELE: **Jesus ressuscitado**, que estava agora entre eles. Tomé, no entanto, por não ter estado presente na primeira aparição aos demais apóstolos, negou-se a crer no testemunho que eles davam.

> *"Se não vir nas mãos o sinal*
> *dos pregos, e não puser meu dedo*
> *no lugar dos pregos, e não introduzir*
> *minha mão em seu lado, não acreditarei!"*
> (Jo 20,25)

Era assim que Tomé pensava. Era assim que agia. Teria de "ver", "pôr sua mão", "introduzi-la" em seu lado aberto, reunir, diante de seus olhos, todas as provas cabíveis para acreditar. É um paradigma meramente materialista: ver, tocar, sentir, para então aceitar ou não a veracidade dos fatos.

Jesus, oito dias depois, aparecendo novamente aos apóstolos, repreendeu severamente a incredulidade de Tomé. Após desejar-lhes a paz, como fizera em sua primeira aparição, chamou Tomé, colocando-o frente a frente com as provas que exigira.

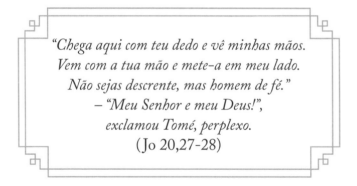

"Chega aqui com teu dedo e vê minhas mãos. Vem com a tua mão e mete-a em meu lado. Não sejas descrente, mas homem de fé."
– *"Meu Senhor e meu Deus!"*, exclamou Tomé, perplexo.
(Jo 20,27-28)

Nascia, então, um novo paradigma. Daqueles que acreditam no poder da fé, antes de exigir provas para crer. "CRER PARA VER": é a fé criando as obras, criando a certeza de sua realização. "Creste, porque me viste", disse-lhe Jesus. "Felizes aqueles que creem sem ter visto."

A fé implica adesão ao mistério, continuando a ser mistério. Se houvesse explicações científicas que desnudassem tudo, não haveria necessidade da fé. Onde a razão humana termina, a fé inicia. Nós, pessoalmente, nunca vimos o Cristo, mas nele cremos. Não compreendemos a Trindade Santa, mas nela cremos. Não podemos tocar, com nossas mãos, os mistérios da vida eterna, mas neles cremos. É assim a fé: "a certeza do que não vemos", como nos diz o apóstolo Paulo (Hb 11,1).

A fé precede as obras. Ela cria, mentalmente, e realiza seu ato criador. Está sempre voltada para a ação. Pois "a fé, sem obras, é morta", ensina o apóstolo Tiago (Tg 2,26).

Que paradigma, amigo leitor, você adota normalmente em sua vida? Sua fé é frágil e acomodada, ou viva e atuante? Considera-se "feliz" por "crer sem ter visto" ou gostaria de "tocar" o intocável, "ver" o invisível?

É hora de definir nossa fé. É bom saber que posição ocupamos. Sempre é tempo de repensar nossas crenças. O novo paradigma nos aguarda.

PRECE PARA DEFINIR NOSSA FÉ

Senhor,
sinto-me imerso no mistério
como um peixe que vive da água
sem saber o que a água é.
Vive nela e sem ela não viveria
sem jamais questionar sua forma.
Assim, teu mistério, Senhor, envolve-me
por dentro e por fora, mente e coração,
espírito e pensamento,
e reverente me prostro diante de ti.
Pouco ou quase nada consigo vislumbrar
com os olhos enfraquecidos de minha fé.
Preciso definir-me, Senhor,
para redimensionar em mim
o Tomé que ocultamente carrego.
Ele me inquieta com suas dúvidas,
angustia-me com sua descrença,
desafia-me com exigências descabíveis.
Converte meu coração, Senhor,
para "crer sem ver", para contemplar
e reverenciar o inefável,
sem questionar o mistério.
**Creio, Senhor, mas clareia,
define, aumenta minha fé.**
Só assim viverei feliz,
na certeza do meu amor por ti
e do teu grande amor por mim.
Amém!

20

UM OLHAR
DE PERDÃO

Homem simples e inculto, pescador de um pequeno vilarejo, afeito às intempéries do tempo e à dureza da vida: Pedro era impulsivo e temperamental. No entanto, um coração bom e generoso escondia-se no peito daquele rude pescador. Nele o Mestre via as virtudes ocultas, como semente à espera de germinar. Era o líder do grupo, escolhido pelo próprio Mestre. Seria o primeiro Papa, a pedra sobre qual construiria sua Igreja (Mt 16,18-19).

Esse homem, porém, ainda não fora batizado no Espírito Santo e, como tal, era fraco. Tinha os mesmos medos que nós temos, a mesma covardia que, às vezes, acobertamos. E a tal ponto estava apavorado diante da succssão de fatos que culminariam na morte de seu Mestre, que a insegurança o dominou completamente. Negaria três vezes Jesus, seu amigo de tantas jornadas e sonhos futuros.

O Mestre fora preso. De longe, Pedro o seguia (cf. Lc 22,54-62). Com medo, esgueirava-se entre a soldadesca e os curiosos, reunidos ao redor de um fogo de chão para aquecer-se. Diante uma simples criada, Pedro fraquejou. Afirmou "não conhecê-lo", temeroso de ser reconhecido e preso também. "Também tu és um deles", disse-lhe alguém em seguida. "Não! Eu não o sou." E, pela terceira vez, Pedro foi questionado, reconhecendo-o alguém como sendo "galileu". E mais uma vez o medo dominou sua fé. "Meu amigo, não sei o que queres dizer."

Enquanto ainda falava, um fato corriqueiro – por ser madrugada – abalou profundamente seu coração: um galo cantou. Ninguém mais, talvez, ouvisse seu cantar. Pedro, no entanto, consternou-se até às lágrimas com o cantar daquele galo. O Mestre o advertira. Antes que o galo cantasse, três vezes ele o negaria (Lc 22,34). Evidente que Pedro não dera muita importância à advertência do Mestre. Jamais se imaginaria capaz de tamanha fraqueza. De negar seu melhor amigo... De acovardar-se diante de um serviçal, de um estranho qualquer, de um simples curioso que acompanhava o desenrolar dos fatos da prisão de Jesus.

O inusitado aconteceu então. Mais alguém ouvira o cantar do galo: o próprio Jesus. Mesmo preso e insultado pelos soldados, lembrou-se de Pedro.

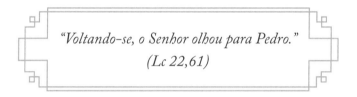

"Voltando-se, o Senhor olhou para Pedro."
(Lc 22,61)

Seus olhares se cruzaram. Que momento difícil! Que vergonha Pedro experimentava! Negar o Mestre... e três vezes! Que cena lamentável! Que triste acontecimento! Em um relance, Pedro lembrou-se de tudo. As cenas eram nítidas, recentes. "Hoje, antes que o galo cante, negar-me-ás três vezes."

Um olhar de perdão lançou-lhe Jesus. Um olhar de amigo que sabe e compreende as fraquezas que o medo impõe. Um olhar de quem diz: "Coragem, Pedro! Sê forte e vencerás!"

Pedro caiu em si e, "saindo dali, chorou amargamente". Lágrimas de arrependimento.

Lágrimas de tristeza. Lágrimas de decepção. Jamais pensara que pudesse ser covarde assim!

Falhara com seu amigo, falhara terrivelmente! Os olhos de Pedro choraram sua tristeza e seu pedido de perdão. E o Senhor perdoou-lhe sua fraqueza, exigindo, porém, em outra oportunidade, que três vezes declarasse seu amor por Ele (cf. Jo 21,15-19). Ele constitui-o, então, pastor de suas ovelhas, confiando-lhe o rebanho todo a seus cuidados.

Pedro e nós: quem, de alguma forma, negou mais vezes o Mestre? Quem, mais vezes, "chorou amargamente" por tê-lo traído? Quem, por sua vez, confessou depois abertamente seu amor por Ele, como Pedro três vezes o fez?

Olhe para si. Analise sua conduta. Chore, se preciso for. Declare, porém, seu amor pelo Cristo: declare-o abertamente.

PRECE DE PERDÃO E AMOR

Quantas vezes, Senhor,
minha vida se assemelha à de Pedro.
Ando contigo, somos amigos,
temos projetos em comum,
e, de repente, tomo atitudes estranhas,
como se nada disso fosse importante,
como se a indiferença me dominasse,
como se o medo de testemunhar-te
tomasse conta de mim.
Minha voz silencia, meu coração se cala
e ajo como se não te conhecesse.
Venho, agora, Senhor,
implorar teu perdão pelas vezes
que minhas atitudes te negaram,
pelas vezes que fui covarde,
pelas vezes que o egoísmo falou mais alto.
Quero também, Senhor, chorar
como Pedro arrependido o fez.
Quero que saibas que te amo
apesar de minhas fraquezas,
apesar dos pecados, que ainda me afligem.
Lança-me teu olhar compassivo
para que minha consciência acorde
e, se preciso for, chore como Pedro,
mas que eu te ame como ele te amou.
Que assim seja!

21

ELE CAMINHA CONOSCO

Como é bom saber que Jesus ressuscitou! Como é bom saber que Ele, superando a morte, abriu-nos as portas da eternidade! Como é bom saber que Ele está vivo e caminha conosco! Nossa vida é como a estrada de Emaús (cf. Lc 24,13-35).

Ele realmente caminha conosco e, às vezes, não o reconhecemos. Estamos atarefados, cheios de mil e uma preocupações, tristes e desanimados com os problemas financeiros, familiares ou amorosos... Caminhamos como os dois discípulos, decepcionados com a morte do Mestre, desiludidos e sem esperança no coração. Simplesmente derrotados.

Era o primeiro dia da semana: domingo da ressurreição. Os dois, porém, pouco acreditaram nos "boatos" de algumas mulheres que espalharam que Jesus havia ressuscitado. Desolados com tudo que sucedera, dirigiam-se para Emaús, aldeia distante de Jerusalém cerca de três léguas. Um longo caminho para quem estava atordoado, sem nada compreender de tudo que se passara. E seus sonhos? Teriam todos se extinguido ou restaria alguma esperança depois dessa trágica morte? Bem que o Mestre os alertara a respeito de sua morte e ressurreição, mas nada disso lhes fazia sentido em sua triste e longa caminhada.

"Seus olhos estavam como que vedados", a ponto de não perceberem que o caminhante, que há pouco os alcançara, era-lhes familiar. "De quem estais falando pelo caminho e por que estais tristes?" E discorreram, então, a respeito de tudo que acontecera nesses três últimos dias, desde a prisão à condenação e morte do Mestre, um homem justo, "poderoso em obras e palavras diante de Deus e de todo povo". Ele fora julgado e morrera injustamente no suplício da cruz. E, assim, caíra por terra sua expectativa de que Ele iria restaurar Israel, libertando-os do jugo romano... Sonhos, apenas sonhos desvanecidos.

> *"Ó gente sem inteligência! Como sois tardos de coração para crerdes tudo que anunciaram os Profetas! Porventura não era necessário que o Cristo sofresse estas coisas e assim entrasse na glória?"*
>
> (Lc 24,25)

Enquanto assim discorria com eles sobre as Escrituras, "aproximaram-se da aldeia para onde iam e Ele fez como se quisesse passar adiante". Um pedido sincero e unânime, porém, fez com que mudasse de ideia: "Fica conosco; já é tarde e já declinou o dia". E assim o fez. Entrou com eles, aceitando seu convite. Preparam-lhe, então, uma ceia e foi aí que o inesperado aconteceu. "Estando sentado conjuntamente à mesa, tomou o pão, abençoou-o, partiu-o e serviu-o." Este era o "sinal". Reconheceram-no ao partir do pão, porque os olhos de seu espírito se abriram. No instante, porém, do reconhecimento, Jesus desapareceu.

Seu coração se abrasara no caminho quando o estranho viandante lhes explicava as Escrituras. Mas, eles, cegados pela tristeza e pela dor da perda do amigo, nada percebiam. "Levantaram--se na mesma hora e voltaram a Jerusalém."

E foi grande a alegria! Os onze apóstolos e outros amigos contaram-lhes da ressurreição de Jesus, e eles, por sua vez, relataram-lhes a extraordinária visita que haviam recebido e como o reconheceram ao partir o pão.

Nossa vida, amigo, é como o caminho de Emaús. Sem ELE, tudo é decepção e tristeza, desânimo total para enfrentar o dia a dia da vida. Com ELE, tudo muda, tudo adquire um sentido novo, uma energia jamais conhecida.

Emaús compõe-se, claramente, de dois tempos: antes de reconhecerem Jesus: um quadro desolador, de muito cansaço e frustração; depois de reconhecê-lo, a alegria, a disposição, a vontade imensa de contar para todos sua grande descoberta.

Em que estágio estamos nós? Vivemos no "antes" ou no "depois"? Verifique sua vida, amigo. Suas obras dirão em que estágio você se encontra. E então, a escolha continua sendo sua: prosseguir ou mudar de rumo.

PRECE PARA NOSSO CAMINHO DE EMAÚS

Senhor, às vezes, eu canso de andar
em meu longo caminho de Emaús.
Creio que é exatamente assim:
como os discípulos que voltavam para casa.
Sei que andas comigo, Senhor,
mas não te vejo, nem te reconheço.
Como se fosses um estranho qualquer
que faz caminhada comigo.
E eu sofro minha solidão espiritual,
sofro calado, triste, desanimado...
Aguardo, Senhor, tua manifestação:
abençoa e parte o pão
a minha mesa, que está posta.
Sabes que és meu convidado especial,
único a poder abrasar meu coração
e abrir-me os olhos do espírito.
Quero inflamar-me de amor,
cantar hinos de alegria,
testemunhar tua ressurreição.
No campo ou nas cidades,
onde quer que meus passos me levem,
quero proclamar tua salvação.
Fica comigo, Senhor,
porque sem ti é noite em minha alma.
Acorda em mim a aurora de tua luz
para que teu nome santo
brilhe em todas as nações.
Assim seja!

ÍNDICE

Apresentação 7
1. Seu olhar no olhar de Cristo 9
2. O novo em sua vida 15
3. A oração em suas decisões 21
4. Quem é o Cristo para você? 27
5. Exigências do novo Reino 33
6. É preciso transfigurar-se 39
7. Um olhar que cura 45
8. Momentos de elevação interior 51
9. Marta e Maria: uma questão de olhar 55
10. Os olhos da samaritana 61
11. Entre olhares adúlteros 67
12. A verdadeira porta de entrada 73
13. A perda de um amigo 79
14. Trevas e luz 85
15. Unidos ao Cristo 89
16. O amor como sinal 93
17. A coragem de cada dia 99
18. Barrabás ou Jesus? 105
19. Crer sem ter visto 111
20. Um olhar de perdão 115
21. Ele caminha conosco 121